Für den Frieden

Ein Appell

Für den Frieden

Ein Appell

**Mit Worten
von Antonie Hindelang**

**und Grafiken
von Ilonka Fischer**

Würzburg 2023

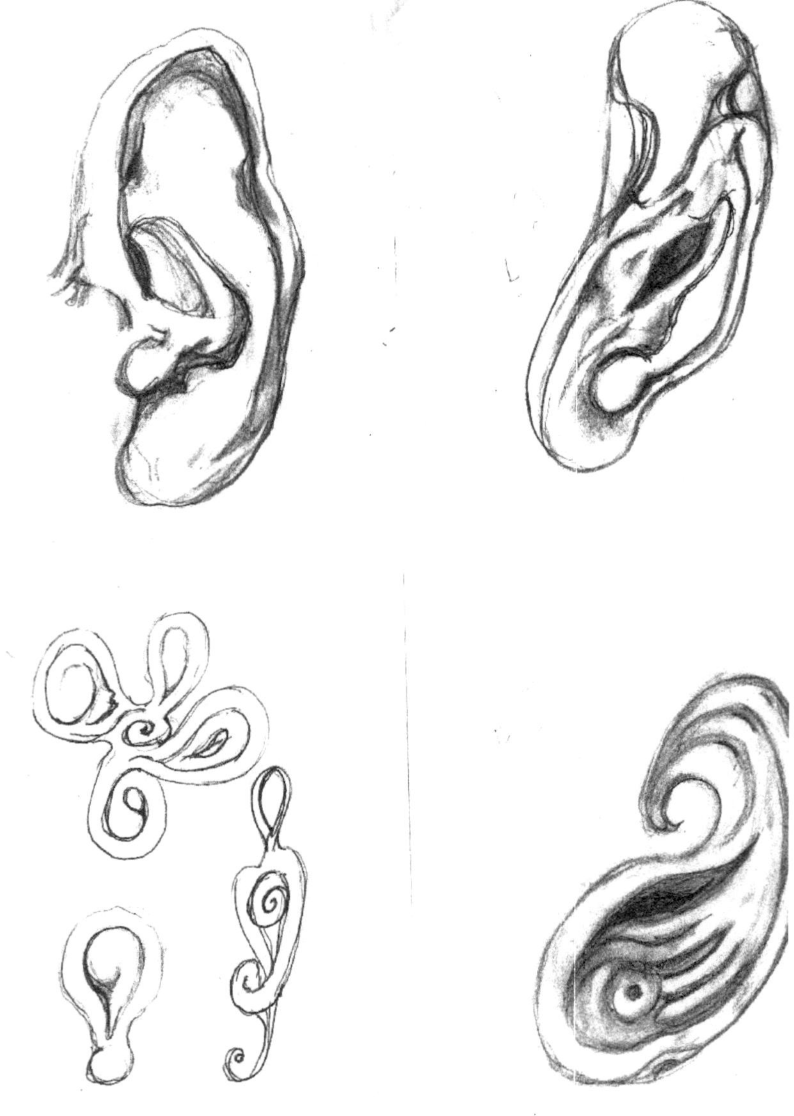

Für den Frieden

braucht es

offene Ohren

auf beiden Seiten

Dass wir

wiederfinden müssen

den Frieden

weltweit

FRIED DE. HAEN.

Was wir nicht wollen

die Eskalation

was wir wollen

den Frieden

Gebt uns Worte und Hände
für den Frieden

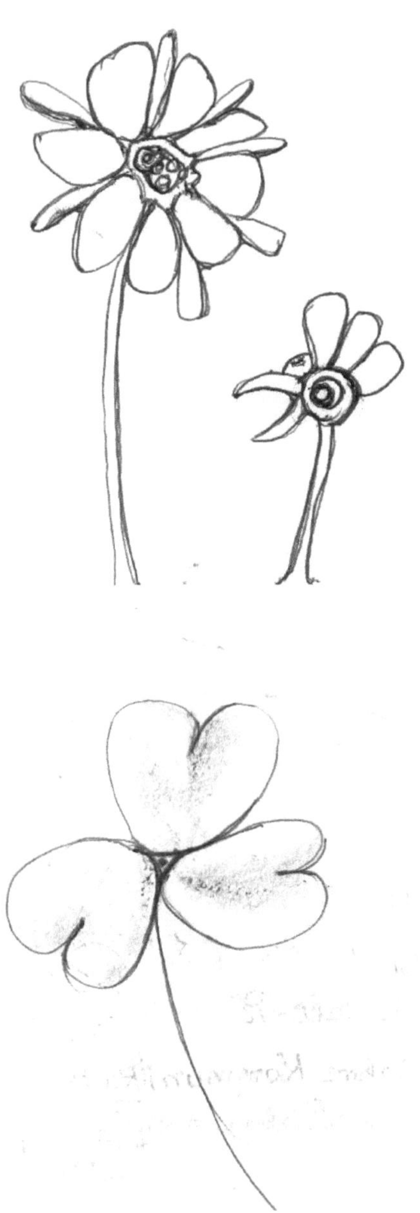

Blüte

auf meiner Zunge

ich nenne dich

Frieden

Blumen

in leere Hände

statt Waffen

auf beiden Seiten

(nur ein Wunsch?)

Dass wir das Wort Frieden

nicht in die Besenkammer sperren

(H)unt dehän

Krieg

brichst mir das Herz entzwei

ist gar nichts einerlei

weiß

Blüte

in meinem Mund

wenn ich dich ausspreche

fliegst du als

Friedenstaube

davon

Weiße Blüten

in einem Korb

als ich dich ausschütte

fliegen tausend weiße Tauben
davon

A

thousand white blossoms

in a basket

look

more than a thousand white doves

ascending

Dass Hände besiegeln mögen

den Frieden

fassen sollen sie jene

von Freund und Feind

dass wir unter unseren Feinden die
Freunde erkennen lernen

Lasst Waffen schweigen

und Hände schütteln

wieder von neuem

und unentwegt

Gefangene

wechseln die Seiten

So auch wir

Die rote Fahne

gegen eine weiße eintauschen

Immer wieder neu

Echo

Schick mir

Den Friedensruf

Von der anderen Seite

Zurück

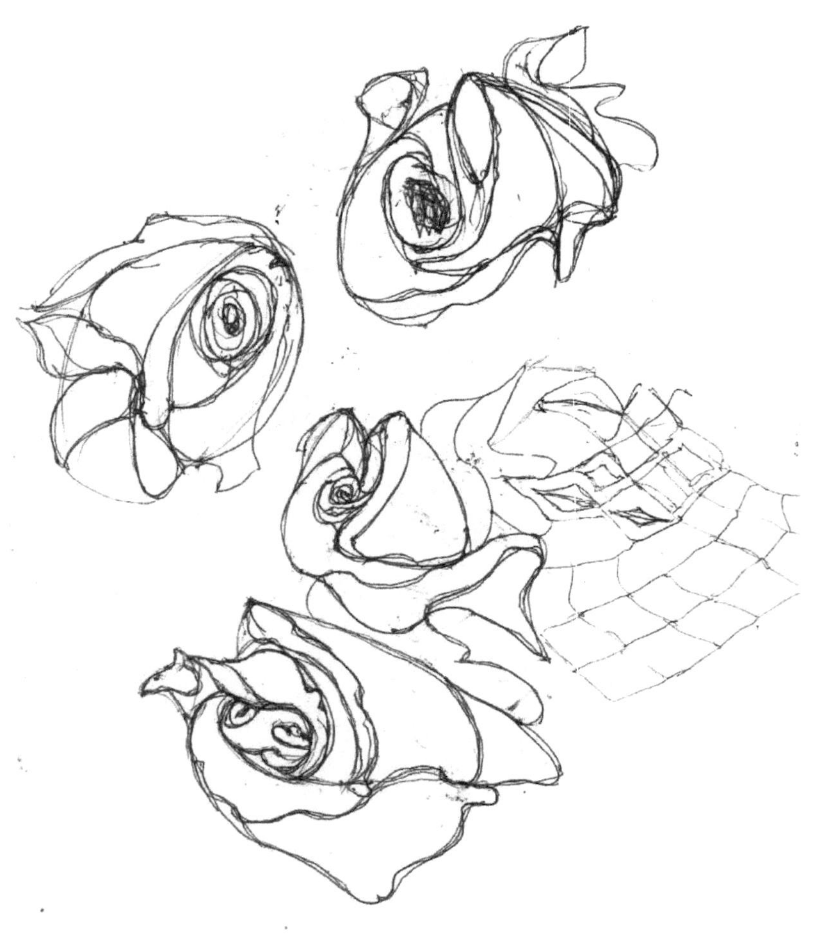

die rote Rose   neben   die weiße

legen

rote Rose

hast dich geöffnet

und zeigst Herz

Weissheit

wie

matt und kraftlos

die Bitte um Frieden

wie

ein leise vor sich hin weinendes
Kind

mit euren Gräbern

begrabt ihr auch

den Frieden

hast dich

in die Ecke

gedrückt

Kind

und wartest

immer noch

auf den Frieden

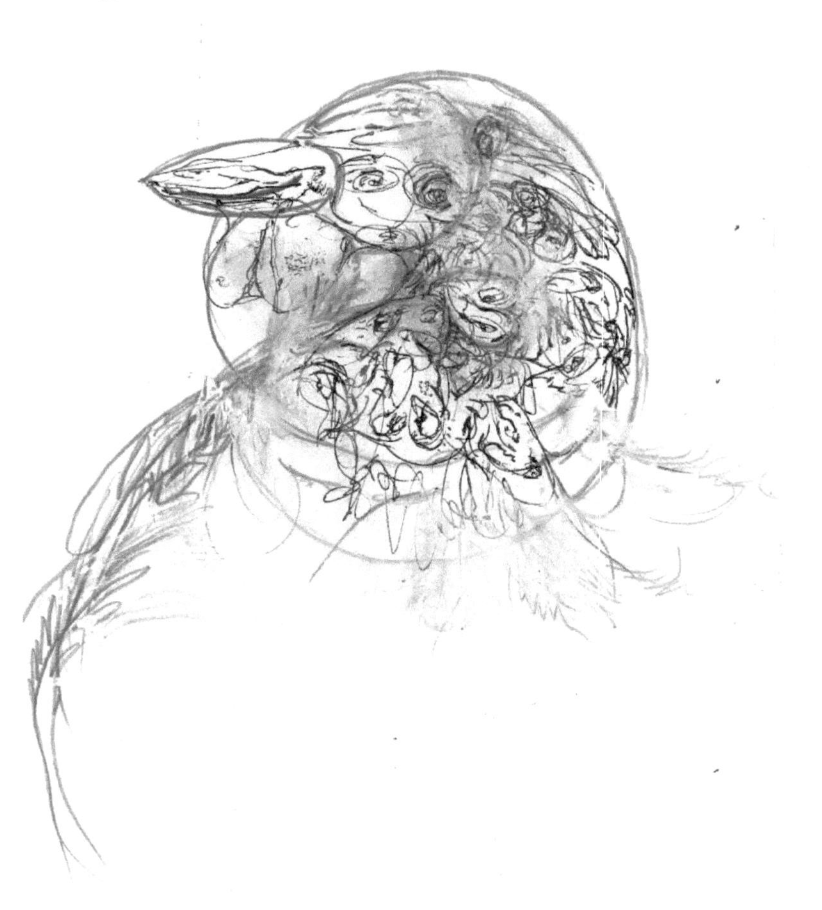